23 Wege, um eine (agile) Transformation an die Wand zu fahren.

Der ultimative Leitfaden zur Eliminierung von Selbstorganisation und Mitarbeiter:motivation

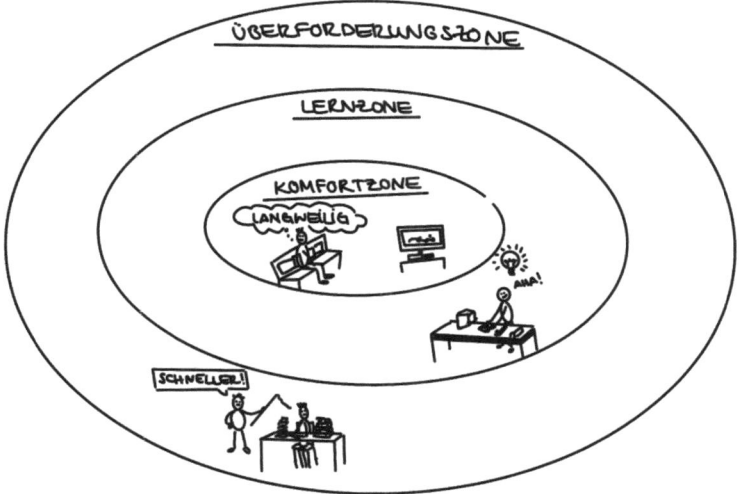

Laura & ST unterstützen seit vielen Jahren Individuen, Teams und Unternehmen bei (agilen) Veränderungsprojekten. Manchmal war das sehr enttäuschend und frustrierend. Als eigentherapeutische Maßnahme fingen sie an, sich Kurznachrichten zu schreiben, in denen sie ihre Umgebung satirisch wiedergaben oder einfach nur zitierten. Nachrichten wie: „Das kannste machen, wie du willst, aber nicht so." oder „Testen? Das machen wir nicht, das ist viel zu teuer. Wir ändern live!" oder „Das ist eine sehr gute Methode, aber bei uns funktioniert sie leider nicht." oder „In der Zeit für die Planung kann ich auch was Richtiges arbeiten." hellten die bedrückte Stimmung auf. Im Laufe der Zeit kamen kleine Zeichnungen dazu und so entstand die Idee für dieses Buch. Damit der Inhalt nicht nur negativ konnotiert ist, haben sie bei jedem Anti-Tipp Verbesserungsvorschläge beschrieben.

23 Wege, um eine (agile) Transformation an die Wand zu fahren.

Der ultimative Leitfaden zur Eliminierung von Selbstorganisation und Mitarbeitermotivation

#teamagile GbR
Laura Sophie Aichroth & ST Kambor-Wiesenberg

Umschlaggestaltung, Satz und Illustrationen: #teamagile GbR. Herstellung und Verlag: BoD – Books on Demand, Norderstedt.

1. Auflage 2019

ISBN: 9783748178897

Laura Sophie Aichroth, M. Sc.

Die Entwicklung der Menschen - als Individuen und im System - steht bei Laura seit jeher im Zentrum ihres Interesses. Mit ihrem Hintergrund der Wirtschaftspsychologie ist es für sie das Ziel, Teams und Organisationen zur erfüllenden Zusammenarbeit und zu Höchstleistungen zu bringen - in Startups, mittelständischen und großen Organisationen im In- und Ausland. In ihren mehr als zehn Jahren Berufserfahrung hat sie Einzelpersonen und Teams inspiriert und unterstützt, Denkweisen und Prozesse mit Werkzeugen und Methoden weiter zu entwickeln, vom Know-how zum Know-why. Lösungen von der Stange gibt es nicht, denn je nach Kontext gilt es, sich aus dem Werkzeugkoffer der New Work Ansätze zu bedienen und passende Lösungen zu entwickeln. Hierbei hat sie mit IT- und Nicht-IT-Teams gearbeitet.

Kontakt: laura@teamagile.org

ST Kambor-Wiesenberg, Dipl. Informatiker & MBA

Ein Blumenstrauß an Erfahrung hilft im gelassenen Umgang mit neuen Situationen und Herausforderungen. ST bewegt sich mit Leichtigkeit zwischen den Disziplinen: Er ist gelernter Elektroniker, Diplom-Informatiker und Physiker, MBA und bildender Künstler. Ein cross-funktionales Team in einem Individuum zwischen Handwerk, Technik, Kultur, Gesellschaft, Kunst und Ökonomie. So bringt er Offenheit, Kommunikationsfähigkeit und Mentalität für die Zusammenarbeit mit funktionsübergreifenden Teams mit und hilft dabei, Brücken zu schlagen. Als Agile Coach brennt er dafür, Menschen und Teams aus eigenem Antrieb zu Höchstleistungen zu bewegen. Dies gelingt ihm über Grenzen hinweg, denn er arbeitete bereits in Europa, Asien, USA und verschiedensten Regionen Deutschlands.

Kontakt: st@teamagile.org

Inhaltsverzeichnis

Vorwort

Es ist alles gesagt und aufgeschrieben und dennoch haben wir den Eindruck, dass agile, selbstorganisierte Zusammenarbeit kaum in funktionierender, wertstiftender, erfüllender Weise in Unternehmen vorzufinden ist. Viele können das Wort agil nicht mehr hören und sehnen sich schon förmlich nach dem nächsten Trend bzw. warten, dass dieser vorübergeht. Warum ist das so schwer?

Ziel dieses Buches ist es, Fallstricke sowie wirksame Auswege zu teilen. Bei der Sammlung von Szenarien sind uns in kurzer Zeit erstaunlich viele eingefallen - beginnen werden wir mit 23. Diese und möglicherweise weitere Wege zum agilen Scheitern veröffentlichen wir auf unserer Webseite www.teamagile.org und in diversen sozialen Netzwerken. Der hashtag ist #agilewaystofail. Das darfst du übrigens auch. Dieses Buch ist lizenziert unter einer Creative Commons Namensnennung - Nicht kommerziell 4.0 International Lizenz. Das bedeutet, solange du unseren Namen und die Lizenz nennst, kannst du das Material in jedwedem Format oder Medium vervielfältigen und weiterverbreiten. Du kannst es remixen, verändern und darauf aufbauen und zwar für beliebige Zwecke, jedoch nicht kommerziell. Viel Spaß dabei!

Das Buch kann als eigentherapeutische Maßnahme zweier Agiler Coaches und Organisationsentwickler gesehen werden, die eine große Leidenschaft für Menschen, Zusammenarbeit und Selbstorganisation haben. In unterschiedlichen Projekten haben wir immer wieder Muster bemerkt. Zur eigenen Bewältigung haben wir angefangen, aufzuschreiben und zu zeichnen, was man tun muss, um Selbstorganisation, Motivation und Agilität zu töten. Wir beschreiben in diesem Buch Szenarien, Glaubenssätze oder oft gehörte oder erlebte Verhaltensweisen, die genau nicht das zeigen, was mit Agilität oder Selbstorganisation gemeint ist. Stänkern kann jeder; daher beschreiben wir zu diesen Situationen aus unserer Erfahrung konkrete Schritte, Hilfestellungen und Empfehlungen zur Veränderung. Wir haben das Buch in fünf Bereiche unterteilt und diesen Bereichen Kapitel zugeordnet. Die Bereiche sind Management und allgemeine Demotivation, Personalarbeit und Haltungsfragen, Entwickler und IT, Agile Washing sowie Produktentwicklung und Kundenkontakt. Die Inhalte sind oft jedoch auch in andere Bereiche übertragbar. Die gewählte, einheitlich männliche Ausdrucksform dient dem mühelosen Lesefluss, meint jedoch eine Gleichstellung der Geschlechter. Alle Ausführungen beziehen sich somit gleichermaßen auf alle Geschlechter.

Wir haben mit unterschiedlichen Frameworks, nationalen und internationalen Teams, auf Deutsch oder Englisch gearbeitet in unterschiedlichen Unternehmensgrößen im In- und Ausland - von Startup bis Konzern. Unsere Erfahrung ist vielfältig, von einer Scrum Master Tätigkeit über die eines Agilen Coaches, der Einführung agilen Arbeitens mit Ausbildung der Beteiligten (Scrum Master, Product Owner, Agile Coach, Agile Leader) bis hin zur Begleitung und Verantwortung von (digitalen) Transformationen im Bereich der Organisationsentwicklung. Wir begleiten Teams und Unternehmen in Bezug auf Produkt, Team und Technik. Wir verfügen beide über unterschiedliche Zertifizierungen und haben mehrere Jahre mit Softwareentwicklungsteams in diversen Firmen gearbeitet nach Scrum und Kanban - mit der Begleitung der Zeremonien (Review, Retro, Planning, Refinement, Daily), Teamentwicklung, Administration der Toolchain zur digitalen Abbildung der Zusammenarbeit und Verbesserung der Abläufe.

KAPITEL I

Management und allgemeine Demotivation

Ein Unternehmen wäre so schön, wenn es die nervigen Mitarbeiter nicht gäbe. Unbequeme Kollegen einfach rauszuwerfen ist nicht mehr zeitgemäß, das kommt in den sozialen Netzwerken eher schlecht an. Es gibt jedoch einen Weg, der die Spreu vom Weizen trennt, die 4V-Methode®: Verunsichern, Verschwenden, Verärgern, Vergraulen. Entweder die Mitarbeiter bleiben und werden Teil des Systems oder sie gehen freiwillig.

Predige etwas anderes, als du lebst!

Was für die allgemeinen Mitarbeiter gilt, gilt nicht zwangsläufig für Führungskräfte. Zu spät zum Meeting kommen? Privaturlaub vom Assistenten buchen lassen? In der Besprechung E-Mails beantworten? In der Kantine vorn anstellen? Exklusive Parkplätze? Alles kein Problem. Du bist wichtig und deine Zeit ist wertvoller als die der anderen.

Es klingt einfach und in der Theorie stimmt (hoffentlich) jeder zu, genau das Verhalten selbst vorzuleben, das man von seinen Mitmenschen, Mitarbeitern und Kollegen erwartet. Trotzdem fällt der Mensch gerne in alte Gewohnheiten zurück und erlaubt sich im Innenverhältnis als Ausnahme gerechtfertigte Verhaltensweisen, die einen bei anderen jedoch stören.

Wenn du in der Lage bist, Entscheidungen umzusetzen, sorge dafür, dass sichtbar unterschiedliche Klassen in Unternehmen (bspw. separate Kantine für die Geschäftsleitung, Parkplätze für Führungskräfte oder Unternehmensleitungsmitglieder, eine andere Ausstattung als für den „normalen" Mitarbeiter etc.) abgeschafft werden und fange damit an, indem du dies nicht benutzt. Nur wenn du selbst den Schmerz unpraktischer oder gar hinderlicher Infrastruktur spürst, verstehst du das Problem und wirst motiviert, Veränderungen umzusetzen und mit Ernsthaftigkeit voranzutreiben. Menschen mit „Macht" sollten die gleichen Dinge benutzen, wie die Menschen ohne Macht z. B. Toiletten, Technik, IT-Infrastruktur, Büroausstattung oder Parkplätze.

Als Negativbeispiel dient ein Kunde, bei dem die Geschäftsleitung überdachte Parkplätze vor ihren Büros hatte. Für die restlichen Mitarbeiter gab es zu wenig Parkplätze. Anstatt sich ein brauchbares Konzept zu überlegen, wurden Parkplatzwächter beauftragt, Zettel an Autos zu stecken, die nicht vorschriftsgemäß abgestellt wurden und die im Wiederholungsfall Abschleppunternehmen beauftragten. Lösung: Es wurde auf einen 20 Minuten weit entfernten Ausweichparkplatz verwiesen. Für die Geschäftsleitung gab es kein Parkplatzproblem. Egal, ob Regen, Schnee oder sengende Hitze - ihre Autos standen überdacht und trocken vor der Tür. Dass 30 % ihrer Belegschaft die Nase schon beim Durchschreiten der Eingangstür voll hatten, war ihnen egal. Besonders als modernes Unternehmen wären hier technische Lösungen angebracht: Parkleitsysteme, Parkplatz-Auslastungsanzeigen per App oder mobiler Webseite, Segways, Elektroroller oder Elektro-Golfcars, um zum Ausweichparkplatz zu kommen, Ausleihschirme, ein Tokensystem, das man pro Monat x Mal auf vorderen Parkplätzen parken kann, wenn man etwas transportieren muss oder etwas vorhat - die Tokens könnten getauscht werden, so dass Mitarbeiter, die öffentliche Verkehrsmittel oder ein Fahrrad nutzen, Vorteile haben - und so weiter.

Den Unterschied zwischen Vorleben und Predigen zu vermeiden, beginnt mit wenigen einfachen, aber sehr wirksamen Dingen, für die man nicht studiert haben muss, sondern lediglich Disziplin und Willen benötigt. Und das Gute ist, dass man sofort damit anfangen kann und es nur eine Entscheidung entfernt ist:

1. Sei pünktlich - plane die Termine in deinem Kalender, die fünf vor enden und fünf nach beginnen, damit du auf jeden Fall vorbereitet bist, dich gedanklich auf den nächsten Termin einstellen kannst, pünktlich kommst und einen Kaffee bereits geholt hast.

2. Komme immer vorbereitet zu Terminen - blocke dir Zeiten in deinem Kalender, um dich auf Termine vorzubereiten und lade zu Terminen immer mit Ziel und Agenda ein. Wir fragen hartnäckig bei allen Terminen nach Ziel und Agenda, gestalten sie mit und helfen im Vorfeld zu klären, was im Termin bearbeitet oder besprochen werden soll. Im Zweifel sagen wir Termine ohne Ziele und Agenda konsequent ab, wenn die Einladenden keine Ziele und Agenda möchten.

3. Dokumentiere ordentlich. Wissen ist Macht - das ist ein relikthafter, aber sehr verbreiteter Glaubenssatz. Menschen in Organisationen werden krank, gehen in den Urlaub oder wechseln den Job. Dokumentiere für dich und andere in einem Maß, dass die Arbeit auch ohne dich weitergehen könnte. Ermögliche es anderen, an bekannten, eindeutigen Orten Informationen zu finden, ohne dich fragen zu müssen. Du wirst feststellen, dass es dir viel Zeit und Nerven spart, wenn die Interessierten ihrer - gerne strapazierter Begriff - Holschuld nachkommen können.

4. Halte Zeitrahmen ein - Entscheidungen, die nicht in 55 Minuten getroffen werden, werden es auch nicht in 65 Minuten. Behalte die Zeit für eine Aufgabe oder einen Termin stets im Blick und treibe Entscheidungen und die Agenda aktiv voran, auch

wenn du den Termin nicht leitest. Ist das Ziel erreicht und die Agenda abgearbeitet, sind alle froh, Zeit übrig zu haben und sich neuen Aufgaben zu widmen. Reicht die Zeit nicht aus, um zum geplanten Ziel zu kommen, vereinbare einen Folgetermin. Dazu ist es wichtig, aktiv teilzunehmen und rechtzeitig zu merken, wenn die Zeit nicht reicht. Wenn für die Besprechung 50 Minuten und 10 Agendapunkte geplant sind und nach 30 Minuten noch über Punkt 2 diskutiert wird, muss etwas geändert werden, z. B. fünf Minuten Diskussion pro Punkt. Wenn es keine Entscheidung zu dem Punkt gibt, dann muss entschieden werden, ob man diesen Punkt oder einen anderen vertagt.

5. Sei fokussiert - bei allen Aufgaben. Iss nicht, schalte dein Smartphone ab / lautlos, lege alles weg, was dich ablenken könnte. Wir Menschen sind nicht für gleichzeitige Tätigkeiten gemacht. Wir sind besser, wenn wir uns auf eine Aufgabe konzentrieren, diese abschließen und die nächste Aufgabe angehen. Unterbrechungen führen immer dazu, dass die Summe der einzelnen Anläufe, eine Aufgabe zu erledigen, länger dauert als die Aufgabe in einem Zug durchzuführen. Weiterhin steigt die Wahrscheinlichkeit für Fehler. Mache lieber mehr bewusste Pausen und fokussiere dich dann wieder.

6. Sei ehrlich - in Vorträgen, bei Messen, auf Recruiting-Events oder in Marketingaktionen. Nicht die Wahrheit zu sagen ist nur ein sehr teurer Kredit mit ungewissen Nebenwirkungen. Hast du das Vertrauen deiner Mitarbeiter verloren, kannst du es nur sehr schwer zurückbekommen. Und was für deine Mitarbeiter gilt, gilt auch für Kunden. Versprich nichts, was es (noch) nicht gibt. Auch wenn du nicht direkt die Unwahrheit sagst, sondern nur über etwas den Eindruck entstehen lässt, das nicht der Wahrheit entspricht, führt das irgendwann zu enttäuschten Erwartungen.

Erschwere das Geldausgeben!

Baue langsame, teure und vor allem intransparente Prozesse als einzige Beschaffungsmöglichkeit für deine Belegschaft. Denn wenn der Einkaufsprozess möglichst kompliziert ist, überlegen es sich die Mitarbeiter dreimal, ob sie etwas brauchen. Das spart Geld!

Die Mitarbeiter von Unternehmen bauen im Privatleben Häuser, bekommen Kinder, planen und verantworten Investitionen. Im Kontext ihres Angestelltendaseins wird ihnen oftmals nicht einmal zugetraut, entscheiden zu können, wann sie für ihre Arbeit ein Werkzeug, Büromaterial oder eine Weiterbildung benötigen. Schaffe klare, einfache Prozesse und gib deinen Mitarbeitern Verantwortung. Bildlich gesprochen müssen die Sportart, das Spielfeld und die Regeln allen bekannt sein, um dann ebenso klar festzustellen, wann es eine Verwarnung gibt, wann eine gelbe und wann eine rote Karte. Folgende Punkte für alle zu regeln, ist hierbei sehr hilfreich:

• Transparente Kostenstellen und Budgets (am einfachsten pro Team) für Büromaterial, Software-Lizenzen etc.

- Klare Kriterien für die Inanspruchnahme von Weiterbildung mit der Vereinbarung, das erlangte Wissen, in einer vor Inanspruchnahme der Leistung festgelegten Form, an die anderen Kollegen weiterzugeben.

- Für jeden einsehbare Prozesse. Wenn eine zentrale Beschaffung vorhanden ist, muss die Person, die eine Bestellung beauftragt, jederzeit den Status einsehen können. Somit wird häufiges Nachfragen vermieden. Moderne, transparente IT Systeme entlasten die Mitarbeiter im Einkauf und auch die Mitarbeiter in den Abteilungen, die immer wissen, welchen Status ihre Bestellungen haben.

- Viele Mitarbeiter empfinden es als Wertschätzung, wenn sie sich ihre Arbeitsmittel aussuchen können. Stell dir vor, du musst den ganzen Tag mit einem Werkzeug arbeiten, welches du nicht magst.

Wir hatten mal ein Gespräch mit einer Person, die einen Dienstwagen mit Fahrer hatte und kamen auf dieses Thema zu sprechen. Es ist so, dass in der Regel der Gefahrene das Fahrzeug bestimmt. Sie empfand das als höchst sonderlich, weil ja der Fahrer schließlich den ganzen Tag damit fahren muss und dann soll er natürlich auch das Fahrzeug aussuchen. Außerdem fährt er schon viele Jahre und hat viel Erfahrung, er ist der Experte. Sie mochte lieber Marke X (was sie dem Fahrer nicht sagte, sonst hätte er sich verpflichtet gefühlt, die Marke X zu wählen), aber der Fahrer suchte Y aus, also wurde sie in einem Wagen der Marke Y gefahren. Das ist ein gutes Beispiel, wie man Entscheidungen dahin delegiert, wo sie am sinnvollsten sind.

Blockiere Veränderungen!

Beantworte kritische Rückfragen immer mit: „Das machen wir schon immer so." oder mit „Das hat sich bewährt." Alternativ: „Grundsätzlich gute Idee, aber bei uns würde das nicht funktionieren." Wenn alles so bleibt, wie es ist, sichert es deine Daseinsberechtigung. Veränderungen könnten dazu führen, dass sich deine Situation verschlechtert.

Vor allem neue Kollegen bringen eine frische Sicht auf die Arbeitsweisen, Prozesse und Gewohnheiten mit. Sind wir eine gewisse Zeit in einem Unternehmen, führen einen Job eine gewisse Zeit aus oder arbeiten wir in einer bestimmten Konstellation über eine längere Zeit, werden wir betriebsblind. Lasse beispielsweise neue Mitarbeiter den Onboardingprozess verbessern oder als Pate für nächste neue Kollegen fungieren, um den erlebten Schmerz für Nachfolgende zu verringern. Meckern ist einfacher als machen. Sei offen für konstruktive Kritik und gib Verantwortung ab, damit die Mitarbeiter merken, dass sie Gestaltungsspielraum bekommen.

- Regelmäßige, gemeinsame, strukturierte Rückblicke auf Zeitabschnitte und Themen helfen, um herauszufinden und festzulegen, was verbesserungswürdig ist. Ein gerne genutztes Format sind Retrospektiven, um zu sammeln, was gut lief und was schlecht lief und dann zu vereinbaren, wer was bis wann unternimmt, um diese Missstände zu beseitigen.

- Installiere eine Plattform (Pinwand oder digitale Lösung), um neue Ideen zu sammeln und mit dem Team festzulegen, welche davon umgesetzt werden. Natürlich kann dies auch unter fancy Namen wie Innovationsmanagement groß aufgepustet werden. Oder ihr startet bei euch im Team und überlegt selbst, wie ihr Veränderungen und Veränderungsbedarf festhaltet sowie konkrete Maßnahmen beschließt.

Wir alle müssen mit Veränderungen umgehen, denn die Welt um uns herum ist dynamisch. Wenn sich an deiner Arbeit, den Prozessen und/oder dem Umfeld schon sehr lange nichts geändert hat, dann ist das kein gutes Zeichen. Das mag sich vielleicht für eine gewisse Zeit sicher und komfortabel anfühlen, aber in der Komfortzone wird kein Wachstum - hinsichtlich vieler Dimensionen wie Persönlichkeit oder in Bezug auf Wissen und Können - passieren, sondern eher das Gegenteil. Deswegen gilt es, regelmäßig in die Lernzone zu kommen, um Weiterentwicklung zu ermöglichen. In einem Kreis gedacht von innen nach außen ist der innerste Bereich die Komfortzone, der zweite die Lern- und der dritte die Überforderungszone (siehe S. 1). Sowohl in der Komfort- als auch in der Überforderungszone baust du in unterschiedlichen Dimensionen ab. Sich in der Überforderungszone zu befinden, fühlt sich schneller nicht gut an als in der Komfortzone. Es ist wichtig, immer zu wissen, in welcher Zone man sich gerade befindet. Dies gilt es, bei sich selbst und anderen zu bemerken und auf dem Weg des Lernens zu berücksichtigen.

Selbstorganisation heißt: du sagst, die anderen machen!

Predige Selbstorganisation und manage dann Individuen, sonst schaffst du deine Position ab. Kümmere dich auf keinen Fall um das Umfeld.

Mache dir zunächst bewusst, warum du Selbstorganisation willst und ob du es willst und aushalten kannst. Während es in klassisch hierarchisch aufgebauten Organisationen darum geht, Individuen zu managen, geht es in der Arbeit mit selbstorganisierten Teams ausschließlich darum, das Umfeld zu gestalten - und zwar so, dass die Teams störungsfrei arbeiten können und sich rein auf das Kerngeschäft fokussieren können. Was heißt das?

- Halte dich konsequent mit deiner inhaltlich, fachlichen Meinung zurück. Das Prinzip der unsichtbaren Pistole (invisible gun) greift hier und meint, dass dein dir disziplinarisch oder hierarchisch untergeordnetes Team geneigt ist, deine Meinung zu übernehmen. Das Team besteht jedoch zum einen aus Experten und zum anderen aus den Menschen, die die Umsetzung verantworten und mit der Entscheidung leben werden, weil sie mit den Auswirkungen in ihrer täglichen Arbeit konfrontiert sind.

- Kommentiere Ideen und Entscheidungen noch nicht einmal mit einem gut oder gefällt mir. Bewerte nur die Ergebnisse. Jede Äußerung beeinflusst das Team.

- Arbeite rein auf ergebnisorientierter Ebene, gestützt von Kennzahlen. Beschreibe deine Erwartungen an das Ergebnis, bevor das Team mit der Arbeit beginnt und lasse das Team über den Weg entscheiden. Hast du das Ergebnis anders erwartet oder etwas anders gemeint? Wenn das Ergebnis anders ist, als du es erwartet hast, hast du deine Erwartungen mangelhaft formuliert. Sind dennoch alle von dir vorab genannten Akzeptanzkriterien erfüllt, lerne daraus und nimm dir beim nächsten Mal vorher mehr Zeit, deine funktionalen Erwartungen an das Ergebnis zu formulieren. Ein Ping Pong um Ergebnisse ist sehr frustrierend für das Team, macht euch langsam und ist teuer (Arbeitszeit, entgangener Umsatz, Ressourcenverschwendung etc.).

Lieber nichts machen!

Tue möglichst viele Dinge nicht, die irgendjemand möglicherweise falsch verstehen könnte. Lieber nichts machen, als einen Fehler machen, muss zu einem wichtigen Motto werden. Vermeide Konfrontationen und Verstimmungen. Je unauffälliger du bist, desto weniger Risiko besteht für dich. Probleme, die von alleine kommen, gehen auch von alleine wieder.

Das Wort Fehlerkultur wird gerne genutzt und ein anzustrebender Kulturwandel ist vor allem im Rahmen von Transformationen in aller Munde. Dabei ist die Kultur nichts weiter als das gelebte Verhalten in Verbindung mit der damit gemachten Erfahrung. Kultur kann man nicht kaufen und nicht kopieren. In Unternehmen wird ein Kulturwandel, unserer Erfahrung nach, oftmals groß angekündigt, initiiert oder einfach beschlossen. Meist passiert dann einfach nichts, maximal Frustration bei den Mitarbeitern verbunden mit einer steigenden Unglaubwürdigkeit und schwindendes Vertrauen in das Management. Oder es werden negative Erfahrungen gemacht, wenn Mitarbeiter die ausgesprochene Einladung für anderes Verhalten tatsächlich ernst nehmen.

In den Systemen unserer Gesellschaft wie Kindergarten, Schule, Universität und Unternehmen haben wir über viele Jahre gelernt, keine Fehler machen zu dürfen, da dies zu Sanktionen führt. Fehlerfreiheit führt zu Anerkennung und Vorankommen. Es entsteht Angst. Diese Angst gepaart mit einem Bedürfnis nach Anerkennung und Anschluss ist für die meisten ein Treiber im beruflichen Verhalten. Fehler, Probleme und Streit sind negativ konnotierte Begriffe, die es zu vermeiden gilt. So entsteht eine Kultur, die Fortschritt verhindert. Das Motto: Bevor ich einen Fehler mache oder unangenehme Probleme ans Licht bringe, mache ich lieber gar nichts. So weit so logisch. Doch was nun?

Initiiere neue Rituale, um gemeinsam zu erleben, dass ein gemachter, geteilter Fehler zu einem gemeinsamen Lernen führt. Hierbei helfen beispielsweise die Einführung von zwei Auszeichnungen - eine für einen großen Erfolg (z. B. ein Plüschfuchs für den Whoop) und eine für einen gemachten Fehler (z. B. eine Plüschbanane für den Oops), bei dem etwas gelernt wurde. Für den größten Erfolg können einen lediglich andere nominieren, für den besten Fehler kann man sich nur selbst nominieren. Schafft eine Plattform, zum Beispiel alle zwei Wochen, in welcher die Nominierung und Verleihung der Wanderpokale stattfindet. So lernt ihr spielerisch, von Fehlern zu berichten und Erkenntnisse zu teilen.

Wir haben es mit Teams bereits so weit geschafft, dass sie ihre Fehler direkt in sozialen Medien geteilt haben. Erfolge bestätigen dich in dem, was du schon weißt; Fehler bringen dir echte neue Erkenntnisse, wenn du sie reflektierst. Es ist auch eine Erkenntnis zu wissen, wie man etwas nicht macht. Wichtig ist, die Auswirkungen möglicher Fehler unter Kontrolle zu haben. Mache also keine Änderungen mit unklarem Ausgang an deinen produktiven Systemen, sondern schaffe dir Testumgebungen. Solange niemand zu Schaden kommt, sind Fehler meistens die Investition des gezahlten "Lehrgeldes" wert. Unser Tipp: Lieber einen Fehler machen und etwas lernen, als nichts machen.

Mache alles gleichzeitig!

Erhöhe die Geschwindigkeit deiner Teams, indem du viele Menschen an vielen Themen parallel arbeiten lässt. Starte alle Projekte gleichzeitig, dann musst du nicht priorisieren. Viele Hände produzieren viele Ergebnisse!

Die Anzahl der Themen, die parallel bearbeitet werden, ist der Faktor der Zeit, die jedes Thema länger dauert, als wenn du es einzeln in einem Rutsch ohne Unterbrechung machen würdest. Das bedeutet, wenn du drei Projekte gleichzeitig machst, dauert jedes Projekt etwa dreimal solange, als wenn du die drei Projekte fokussiert nacheinander erledigst. Für dieses Phänomen gibt es einfache Spiele, die zeigen, dass es bedeutend länger dauert, an mehreren Themen gleichzeitig zu arbeiten, dass die Qualität leidet und der Einsatz von Ressourcen verschwenderisch ist. Unser Gehirn ist nicht dafür gemacht, Dinge gleichzeitig zu tun und Multi-Tasking funktioniert schlecht mit Dingen, die Konzentration benötigen.

1. Erstelle eine priorisierte Liste mit zu erledigenden Aufgaben. Priorisierung meint, dass es genau eine Priorität 1 gibt, dann eine Position 2 usw. Gerne werden fünf Themen als Priorität 1 benannt. Dies ist falsch, ist nicht hilfreich und nennt sich Gruppierung.

2. Arbeite nun als Individuum oder Team die Themen nach ihrer Priorität ab. Mache die Liste für alle transparent und benenne im besten Fall den Grund bzw. Wert (in € ist meist am verständlichsten, denn so funktionieren Unternehmen nun mal) der Priorität, damit die anderen sehen, wann ihr Thema bearbeitet wird und warum sie sich im Zweifel noch einen Moment gedulden müssen.

3. Gibt es Themen, die lange dauern oder die Wartezeit beinhalten, dann versuche, diese sinnvoll zu schneiden.

4. Wenn du Themen in Teilaufgaben schneidest, versuche in der Zeit Feedback zu bekommen, in der du an anderen Teilaufgaben arbeitest.

KAPITEL II

Agile washing

Gute Softwareentwickler sind schwer zu bekommen. Agilität, Scrum und Kanban sind angesagt. Das Problem: eine agile Transformation ist richtig anstrengend und man muss viel ändern. Unser Tipp: mache kleine Änderungen ohne großen Aufwand und simuliere ein agiles Umfeld. Kaufe einen Kickertisch, eine ordentliche Kaffeemaschine, suche einen Mate-Lieferanten und die Entwickler kommen zu dir. Jetzt musst du sie nur noch mit Versprechungen so lange hinhalten bis sie Teil deines Systems sind und sich nicht mehr wehren.

Klebezettel und neue Bezeichnungen = Scrum!

SCRUM CHECKLISTE

- ☐ ~~ToDo-Liste~~ → **Klebezettel**
- ☐ ~~Team-Meeting~~ → Standup
- ☐ ~~Projekt Manager~~ → Scrum Master
- ☐ ~~Entwickler~~ → DevOps

Benutze bunte Klebezettel am Fenster und mache Meetings im Stehen. Fertig ist Scrum. Alles andere kann so bleiben. Falls jemand eine präzisere Umsetzung der Methode fordert, benenne Meetings und Rollen um. Zum Beispiel Projekt Manager heißen jetzt Scrum Master, Entwickler sind jetzt DevOps oder das wöchentliche Reporting heißt nun Standup.

Kaum hat man einen Hammer, sieht man überall Nägel. Agile Frameworks wie Scrum tauchen auf und auf den ersten Blick sieht es so aus, als ob Scrum die Lösung für alle deine Probleme ist. Das ist unserer Erfahrung nach selten der Fall. Es gibt oft Probleme, die vor dem Scrum Prozess liegen.

Beantworte folgende Fragen und mache die Antworten für alle Beteiligten und Betroffenen transparent:

- Welches Problem hast du?
- Eignet sich die Art deiner Aufgaben überhaupt dafür, Scrum einzusetzen?
- Bist du hinsichtlich unterschiedlicher Arbeitsmethoden qualifiziert und kannst deshalb eine adäquate Entscheidung treffen?

26

Wenn du einfache oder komplizierte, also sich wiederholende Aufgaben hast, die bei einem erneuten Problem mit der identischen oder ähnlichen Vorgehensweise gelöst werden können, ist Scrum keine geeignete Methode. Hier kann es helfen, Prozesse mit Hilfe der Kanban-Methode zu visualisieren und die Durchlaufzeiten zu messen, um dann den Prozess zu verbessern. Dies setzt jedoch voraus zu messen, wie lange ein Vorgang dauert und an welcher Stelle er aus welchen Gründen hakt. Das musst du wollen.

Sind die Aufgaben komplex und lassen sich nur durch Ausprobieren Lösungen finden, dann kann Scrum hilfreich sein. In bestimmten Zeitabschnitten arbeitet sich das Team an eine Lösung heran. Nach jeder Iteration hält es kurz inne und reflektiert die Ergebnisse und die Zusammenarbeit. Für die nächste Iteration werden Ziele und eventuell neue Regeln der Zusammenarbeit beschlossen und der Prozess beginnt von vorn.

Es ist in Ordnung und sogar förderlich, dir einzugestehen, wenn du keine Ahnung hast oder du nicht in der Lage bist, die oben gestellten Fragen zu beantworten. Dann lass dir nur eines raten: lies nicht einfach nur ein paar populärwissenschaftliche Artikel und lege los. Scrum wird oftmals als einfache Methode benannt, was unserer Ansicht nach nicht korrekt ist, da sie eingesetzt wird, um mit Komplexität umzugehen. Unser Gehirn lernt durch Wiederholung und das ist wichtig; also nochmal: wir erinnern uns, dass Komplexität meint, dass auftretende Aufgaben nicht mit der identischen Lösung zu beherrschen sind, sondern Plan, Versuch, Lernen und Anpassung der Vorgehensweise benötigt werden. Lasse dich selbst ausbilden oder hole dir qualifizierte Hilfe. Mit qualifizierter Hilfe meinen wir nicht, dass alleine das Vorweisen einer Zertifizierung ein Garant für Wissen und Können ist. Bei der Auswahl können dir beispielsweise folgende Fragen helfen:

- Arbeitest du selbst nach Scrum, auch wenn du nicht Software entwickelst?
- Welche agilen Methoden hast du selbst bereits genutzt?
- Wann sind welche Methoden geeignet und welche Vor- und Nachteile bringen die Methoden mit sich?
- Woran misst du, ob die Methode zur Lösung des Problems passt?

Wer Scrum einsetzen will, muss Transparenz mögen. Benenne ein Problem, definiere Akzeptanzkriterien, wann es als gelöst gilt und arbeite methodisch an einer Lösung. Wenn du agile Methoden oder Scrum nur durch Umbenennen von bestehenden Meetings oder Rollen simulieren willst, um nach außen modern und interessant für Bewerber zu wirken, dann ist das keine gute Idee.

Mehr machen, weniger planen!

Scrum hat viel zu viele Meetings. In der Zeit kann man auch produktiv arbeiten! Lege Review, Retro und Planning zusammen und erledige alles ohne Vorbereitung in ein bis zwei Stunden. Alles andere wäre nicht effizient.

Wir wollen den Scrum Guide[1] hier nicht wiederholen, denn darin ist alles aufgeschrieben und viele schlaue, erfahrene Menschen haben hilfreiche Bücher und Artikel geschrieben. Am Anfang ist jede Veränderung schwer und eine häufig gestellte Frage ist, ob die Zeit, die bei Scrum in Planung und Reflexion investiert wird, nicht unverhältnismäßig sei. Die Antwort ist: nein. Je klarer das zu erreichende Ziel ist (Sprint Vision) und die hierbei benötigten Aufgabenpakete sind (User Stories), desto schneller ist ein Team während der laufenden Zeit (Sprint), da die priorisierten Aufgaben von jedem im Team verstanden worden sind und bearbeitet werden können. Je fokussierter ein Team ist, desto schneller ist es.

Wenn ihr als Team mit Scrum startet, geben wir euch folgende Empfehlungen:

- Haltet die festgelegten Zeremonien (Review, Retrospektive, Planning, Refinement, Daily) genau ein. Haltet mindestens 10 Sprints genauso durch, wie sie definiert sind. Erst dann werdet ihr als Team in der Lage sein, entscheiden zu können, was für euch nicht hilfreich ist und wie ihr das ändern könnt.
- Haltet folgende Reihenfolge beim Sprintwechsel ein:

  - Macht erst das Review und ladet hierzu Stakeholder ein, um Feedback zu bekommen und die Ergebnisse zu zeigen.
  - Führt dann als Team eine moderierte Retrospektive durch, um die Zusammenarbeit zu reflektieren und Maßnahmen der Verbesserung zu definieren.
  - Nehmt Maßnahmen aus der Retrospektive als User Stories in euer Backlog auf und plant sie im nächsten Sprint ein.

- Neue Sachen dauern am Anfang immer länger als gedacht. Mit der Zeit bekommt ihr Routine und ihr werdet schneller.
- Ihr werdet schnell die Idee haben, Zeremonien aus Zeitgründen zu kürzen oder zu streichen. Lasst es, es wirft euch nur zurück.
- Je klarer und detaillierter ihr eure Arbeit dokumentiert, desto einfacher wird es, in Stresssituationen durchzuhalten.

[1] https://www.scrumguides.org/

Agil heißt flexibel!

Relativiere Verspätungen, Fehlplanungen und sinnlosen Aktionismus mit: Wir sind agil! Agilität ist schließlich ein Synonym für flexibel und ungeplant.

Wir können die Situationen nicht mehr zählen, bei denen spontan und ohne Absprache Pläne mit dem Satz: „Wir sind doch agil." geändert wurden. Das ist falsch - agil heißt nicht, dass jeder macht, was er will und jederzeit Dinge umentschieden werden können. Aus diesem Grund ist das Wort agil bei sehr vielen Menschen leider bereits sehr negativ belegt und verbrannt. Oftmals deshalb, weil Menschen das Wort verwenden, ohne Kenntnisse darüber zu haben, was agil im Hinblick auf Arbeitsmethoden eigentlich bedeutet.

Arbeiten nach agilen Prinzipien unterscheidet sich maßgeblich vom planungsgetriebenen Ansatz. Agiles Vorgehen ist ausschließlich wertgetrieben und eignet sich nur bei Problemen in einem komplexen Umfeld, also wo das <u>Wie</u> zur Lösung des Problems noch unbekannt ist. Agil bedeutet nicht ungeplant, sondern es wird regelmäßig ein überschaubarer Zeitrahmen geplant, bei dem sich verändernde Umfeldbedingungen in die Planung einfließen.

Agil arbeiten bedeutet:

- Es gibt klare Regeln der Zusammenarbeit.
- Zeit und Budget sind fix.
- Der zu erreichende Umfang ist variabel, deswegen müssen die Dinge, die mehr wertschöpfend sind, vor den Dingen fertig gestellt und geliefert werden, die weniger wertschöpfend sind.
- Allen Beteiligten ist klar, was erreicht werden soll und wann das Ziel erreicht ist. Das <u>Wie</u> muss noch nicht im Detail geklärt sein.
- Der Plan für die nächsten Wochen, ein bis zwei Iterationen (ca. zwei bis vier Wochen pro Iteration) ist sehr konkret. Wie kommen wir dem Ziel näher?
- Tritt etwas ein, das dazu führt, dass in der aktuellen Iteration nicht am wichtigsten Thema gearbeitet wird, muss diese sofort gestoppt und neu geplant werden. Wenn nach dieser Iteration das Projekt zu Ende wäre, ist dann der maximal mögliche Wert geliefert?
- Je weiter man in die Zukunft blickt, desto unkonkreter ist der Plan. Was genau wird zu welchem Zeitpunkt wie gemacht, um dem Ziel näher zu kommen?
- Definiere Kennzahlen für Business und Technik, die dir zu jeder Zeit Auskunft darüber geben, ob die aus Gründen gesetzten Zielwerte erreicht, unter- oder übertroffen werden.

Tipp: Löse schwierige, schwer zu schätzende, neue oder komplett unklare Probleme innerhalb eines Themas zuerst, damit der Zeitplan zum Ende hin kein Glücksspiel wird.

Keine Scrum Master!

Spare das Geld und stelle lieber Entwickler dafür ein. Scrum Master nerven nur. Sie wollen alles verbessern, verändern und messbar machen. Im Zweifel werden die Teams nur motiviert, unangenehme Veränderungsprozesse anzustoßen, die Unzulänglichkeiten im Management transparent machen. Wenn die Forderungen nach Scrum Mastern nicht mehr wegzudiskutieren sind, dann benenne Projektleiter, Entwickler oder andere Leute, die viel beschäftigt sind, zu Scrum Mastern und hoffe, dass sie keine Zeit finden, den Job gut zu machen. Vollzeit Scrum Master sind ein erster Indikator dafür, dass dir deine klassische Organisation irgendwann auf den Kopf gestellt wird.

Ein Softwareentwicklungsteam, das nach Scrum arbeiten soll, ist ohne Scrum Master genauso wirkungslos wie ohne Product Owner oder Softwareentwickler. Sicherlich gibt es seltene Ausnahmen, aber grundsätzlich gilt: Wenn deine Teams nach Scrum arbeiten, braucht es jemanden, der sich um die Technik kümmert, jemanden für die Business Perspektive und jemanden für die Prozesse. Den Hut für die Einhaltung und kontinuierliche Verbesserung der Prozesse und der Zusammenarbeit hat der Scrum Master auf, ohne dabei disziplinarischen Durchgriff zu haben.

Der Scrum Master muss durch Überzeugung, Vorleben und Erleben führen, nicht durch Macht. Er ist eine dienende und keine beherrschende Führungskraft, sofern man den Begriff der Führungskraft überhaupt verwenden will.

- Pro Team empfehlen wir 0,6 Kapazität, also 60 % der Arbeitszeit eines Individuums, als Scrum Master oder allgemeiner gefasst als Process Lead.

- Es ist hilfreich, wenn diese Verantwortung innerhalb des Teams und zwischen den Teams unter freiwilligen, ausgebildeten Kollegen rotiert, um den frischen Wind aufrecht zu erhalten. Dies hilft, um konsequent Verbesserungen in Zusammenarbeit und Prozessen zu unterstützen. Der regelmäßige Wechsel ist wichtig, da man auch in dieser Aufgabe mit zu langer Ausübung in einem konstanten Umfeld schnell betriebsblind wird. Da jedoch genau das Begleiten von Veränderungen der Kern seiner Aufgabe ist, darf der Scrum Master nicht Teil des Systems werden.

- Die 0,6 sind ein Durchschnittswert und Durchschnitte sind grundsätzlich kritisch zu betrachten. Am Anfang braucht der Scrum Master mit einem neuen Team eher mehr Kapazität, mit der Zeit, wenn das Team in der Konstellation stabil bleibt, eher weniger Zeit.

- Die grundsätzliche Motivation eines Scrum Masters oder Process Leads sollte sein, sich selbst überflüssig zu machen. Dann ist der Anspruch selbstlos und hoch, das Team zu befähigen und Prozesse zu gestalten, ohne anschließend den eigenen Aufgabenverlust zu fürchten.

- Scrum Master befähigen Teams, ihre Aufgaben effektiver (die richtigen Dinge tun) und effizienter (die Dinge richtig tun) zu lösen.

- Der Scrum Master ist nicht dazu da, um Aufgaben direkt zu übernehmen und fehlende Ressourcen oder Kompetenzen auszugleichen. Er ist dazu da, das Team in einen Modus zu bringen, in dem das Team eine konstante, gesunde Geschwindigkeit erreicht, die es unendlich lange durchhält.

• Das Ziel des Scrum Masters ist es weniger, die Produktivität des Teams zu erhöhen, sondern mehr Verschwendung zu minimieren.

In jedem Team steckt die Fähigkeit, ein bestimmtes Problem zu lösen und ein bestimmtes Ziel zu erreichen. Die Aufgabe des Scrum Masters ist es, diese Fähigkeiten freizulegen. Eine schöne Metapher ist die Antwort Michelangelos auf die Frage, wie er denn so eine unglaublich schöne und präzise Statue hat erstellen können. Die Frage bezog sich auf die über fünf Meter hohe Skulptur des David aus einem einzigen Marmorblock. Michelangelo sagte, David steckte von Anfang an in dem Marmorblock. Er habe nur entfernt, was nicht David war.

Der Scrum Master Rolle wird oft zu wenig Bedeutung beigemessen. Sie wird nur teilweise, gar nicht oder mit unzureichend ausgebildeten Personen besetzt. Als Grund werden häufig zu hohe Kosten genannt. Dabei ist es eine einfache Rechnung. Angenommen, ein Scrum Master verursacht ähnliche Kosten wie die anderen Teammitglieder. In einem Team mit acht Personen muss er das Team nur 12,5 % effektiver machen, um seine Kosten zu amortisieren. Kompetente Scrum Master erreichen deutlich mehr und dabei ist der Einfluss auf das Umfeld des Teams nicht berücksichtigt.

Statusberichte heißen Daily!

Zitiere deine Teams wöchentlich oder besser täglich heran und lasse dir einen Statusbericht ihrer Aufgaben geben, dann erklärst du möglichst ausführlich, was du alles von ihnen haben möchtest und was sie sonst noch so erledigen sollen. Dabei stehen alle. Du darfst dich auf den Tisch setzen oder irgendwo anlehnen. Was du machst, musst du natürlich niemandem verraten. Das Ganze nennst du Daily oder Standup.

Über das Daily oder Standup begegnen uns sehr viele Missverständnisse. In unserer Wahrnehmung ist die Schwelle gering, ein Daily einzuführen, da die hier beschriebenen Anforderungen leicht verständlich und realisierbar erscheinen: Ein Termin im Stehen. Täglich wird dabei gerne unter den Tisch fallen gelassen, ebenso der Zeitrahmen von maximal 15 Minuten oder die Notwendigkeit des Vorbereitetseins.

- Das Daily ist für das Team, um sich abzustimmen, wo es mit Blick auf die Zielerreichung des gesteckten (Sprint-) Ziels steht. Gäste können dem Daily still und unauffällig beiwohnen.
- Der Product Owner nimmt am Daily teil, um informiert und auf dem aktuellen Stand zu sein.

- Bei jungen Teams moderiert der Scrum Master (Process Lead) bei Bedarf das Daily, sorgt für die Einhaltung der Regeln, insbesondere der Zeit. Erfahrene Teams brauchen das immer weniger.

- Im Daily herrscht Fokus und Disziplin. Alles, was ablenkt, wird weggelassen. Alles, was nicht das Team betrifft, hat im Daily keine Relevanz.

- Detaillierte Klärungsgespräche, Grundsatzfragen und Diskussionen müssen außerhalb des Dailys stattfinden.

- Es spricht immer nur eine Person - als Hilfe kann ein Gegenstand (Ball, Maskottchen, Stift) herumgereicht werden. Nur, wer den Gegenstand hat, darf sprechen.

- Werden Punkte angesprochen, die das Team behindern oder gar blockieren, sogenannte Impediments (engl. für Störung), nimmt der Scrum Master diese auf und löst sie so schnell wie möglich. Die Beseitigung von Störungen, egal welcher Art, hat die höchste Priorität des Scrum Masters.

- Für Störungen ist es hilfreich, ein Impediment Backlog einzuführen, die Impediments zu priorisieren und nach der Kanban-Methode zu visualisieren und dieses jedem zugänglich zu machen. So ist transparent, in welchem Status sich eine Störung befindet und wann mit einer Lösung zu rechnen ist.

- Im Daily erfolgt kein Statusbericht für Manager oder andere Personen. Zahlen oder der Status von Einzelaufgaben können vom Management selbst in dem vom Team genutzten und gepflegten Tool nachgeschaut werden. Das Team versteht sich als Sender und hat deshalb für alle zugängliche, transparente Arbeits- und Dokumentationsorte, damit niemand auf eine persönliche Auskunft angewiesen ist.

- Jeder kommt vorbereitet zum Daily! Beispiel: Bei acht Personen im Team hat jeder etwa 1,5 Minuten Zeit. Das Risiko, etwas zu vergessen, ist zu hoch, um unvorbereitet zu sein, denn nur in diesen 1,5 Minuten hast du alle Ohren des Teams für dich. Alles Relevante, was du in diesen 1,5 Minuten nicht sagst, schwächt dein Team beim Erreichen des Ziels oder führt zu Verschwendung von Ressourcen.

Stell dir für den Ablauf des Dailys das Szenario eines Gefängnisausbruchs vor. Das Team hat pro Tag morgens nur 15 Minuten Zeit beim Freigang auf dem Hof, um unbemerkt zu besprechen, wer den Tag über wie weitermacht, um zum gemeinsamen Ziel zu kommen. Es bleibt keine Zeit für unnötige Ausschweifungen. Wer was bis morgen erledigt, um voranzukommen und nicht erwischt zu werden, muss jedem absolut klar sein.

Kapitel III

Personalarbeit und Haltungsfragen

Als guter Personaler ist es dein Job, den Bewerbern alles zu sagen, was sie hören wollen. Wenn sie merken, dass du sie hinters Licht geführt hast, sind sie vielleicht schon Teil des Systems. Dann gilt es, frischen Wind und Weiterentwicklung im Keim zu ersticken und übrig bleiben willenlose Zombie-Arbeitsmaschinen, die bis zur Selbstzerstörung nur das machen, was dein Unternehmen will.

Employer Branding ist das A und O!

Investiere in Employer Branding und erzähle deinen Bewerbern etwas von Startup Mentalität und erzähle ihnen, was sie hören wollen, um sie an Bord zu holen. Ignoriere die Tatsache, dass die meisten Menschen innerhalb der ersten Tage bereits innerlich kündigen, wenn sie nach der Einstellung auf die Realität treffen. Dass es einen Monat dauert, um einen Stift zu bestellen oder dass der CTO 100 €Beträge freigibt, begründest du einfach mit „historisch gewachsen".

Employer Branding hat sich zu einem unserer Hassbegriffe entwickelt. Entweder ist man ein cooler Arbeitgeber und nimmt seine Fürsorgepflicht wahr oder nicht. Teure Videoproduktionen, Social Media Auftritte, Messestände, Kampagnen und als Initiativen oder Konferenzen getarnte Recruiting-Veranstaltungen nützen nichts, wenn sie ein falsches Bild des Unternehmens vermitteln. Oftmals ist es unserer Erfahrung nach der Fall, dass das Bild des Arbeitgebers, das im Rahmen von Employer Branding gezeichnet wird, das ist, wie der Arbeitgeber gerne sein will und nicht das, wie er wirklich ist. Bist du aus dem Bereich Personal und fühlst dich nun auf den Schlips getreten? Dann beantworte gerne kritisch die folgenden drei exemplarischen Fragen:

1. Habt ihr auch dem Unternehmen gegenüber kritisch eingestellte Mitarbeiter in Employer Branding Maßnahmen einbezogen?
2. Habt ihr Dinge benannt, die nicht so gut funktionieren?
3. Messt ihr den Wert, den die Employer Branding Maßnahme bringt?

Wenn du alleine diese drei Fragen ehrlich positiv beantworten kannst, hat dein Unternehmen einiges anders gemacht, als das, was uns begegnet ist. Es gibt inzwischen genug Portale, in denen Mitarbeiter oder Bewerber ihre Erfahrungen austauschen können. Der shiny erste Eindruck wird schnell vergessen sein, wenn das Onboarding nicht reibungslos funktioniert, keine Hardware bestellt, kein Arbeitsplatz vorhanden ist oder die im Bewerbungsprozess gemachten Versprechungen nicht eintreten. Nichts ist glaubwürdiger und erwiesenermaßen auch wirtschaftlich rentabler im Sinne von Zufriedenheit, Betriebszugehörigkeit und keinen enttäuschten Erwartungen, als neue Kollegen aufgrund von Mitarbeiter-Werben-Mitarbeiter-Aktionen zu gewinnen.

- Entwickle zusammen mit bestehenden Mitarbeitern ein Mitarbeiter-Werben-Mitarbeiter-Konzept.
- Nimm das geplante Employer-Branding-Budget für schicke Marketingkampagnen und investiere es in das Arbeitsumfeld und deine Mitarbeiter. Wenn sie gerne bei dir arbeiten, werden sie dich als Arbeitgeber empfehlen und das wird sich herumsprechen.

- Führe regelmäßig Umfragen in der bestehenden Belegschaft zu den Arbeitsbedingungen durch und mache anschließend die ungeschönten Ergebnisse transparent. Leite daraufhin Maßnahmen ab und setze diese konsequent um.

- Im Fachkräftemarkt herrscht kein Marktgleichgewicht. Es gibt mehr Bedarf als Bewerber. Jede Lüge, ob direkt oder indirekt vermittelt, ist ein Kredit, den dein Unternehmen irgendwann bezahlt. Wenn sich herumgesprochen hat, dass sich hinter einer schönen Fassade viele Enttäuschungen verbergen, dann kommen nur noch die Fachkräfte, die woanders nichts gefunden haben.

Druck steigert die Leistungsfähigkeit!

Bezahle Menschen in Positionen mit Kundenkontakt schlecht und setze wenige Menschen auf solche Positionen, damit sie gut ausgelastet sind und kein Leerlauf entsteht. Wo auf der einen Seite eine Schlange ist, ist auf der anderen Seite eine voll ausgelastete Stelle. Und Druck erhöht die Leistung - das stimmt bei Verbrennungsmotoren schließlich auch.

Mitarbeiter im Kundenservice oder auch bei internen Supportfunktionen wie in der IT, der Poststelle und der Kantine sind der erste Anlaufpunkt, an den sich Menschen oft auch mit Problemen wenden. Dies ist sowohl für die Kunden- als auch für die Mitarbeiterzufriedenheit ein ausschlaggebender Faktor. Hierfür bedarf es vielerlei Kompetenzen wie beispielsweise ein breites Wissen über das Unternehmen, dessen Prozesse und Ansprechpartner, Kommunikationsfähigkeiten, gegebenenfalls in mehreren Sprachen, Problemlösekompetenz sowie Deeskalationsfähigkeiten.

Diese Stellen sind oftmals schwer zu besetzen und von häufiger Fluktuation gekennzeichnet. Bei genauerem Hinschauen wird schnell klar, warum: niedrige Gehälter, Einsatz in Schichten, komplizierte Tool-Landschaft, die Messung der Leistung an geschlossenen (abgewimmelten) statt an gelösten Anfragen sowie wenig Anerkennung sind häufig vorzufinden. Der Wert dieser Stellen für das Gesamtunternehmen lässt sich anhand von Anzahl an Kontakten und abhängigem Umsatz bei Kunden sowie schneller Reaktion und hilfreichen Lösungen zur Einsparung von Arbeitszeit und Arbeitsfähigkeit bei Mitarbeitern erahnen. Trotzdem sind genau diese Schnittstellen sehr oft mit vollkommen ungeeigneten Menschen besetzt. Manchmal aus Bequemlichkeit („Ich mach das hier seit 20 Jahren.") oder aus Einsparungsgründen. Das Resultat sind einstürzende Brücken, Datenskandale, falsch zugestellte Post, unzufriedene Mitarbeiter und unzufriedene Kunden.

- Mache dir eine Übersicht, welche Stellen in deinem Unternehmen hierfür relevant sind.
- Wähle Titel und Bezahlung diesem Wert entsprechend. Beachte: Kunden und Mitarbeiter sind eher Multiplikatoren für negative als für positive Dinge.
- Gestalte die Arbeitsbedingungen gemeinsam mit den hier eingesetzten Mitarbeitern.
- Achte auf Wertschätzung und Gesundheit.
- Etabliere im Rahmen von Einarbeitungen und als wiederkehrende Maßnahme zur Sensibilisierung den temporären Einsatz bei solchen Stellen für alle Mitarbeiter verpflichtend.
- Für echte Kundenorientierung sollte jeder Mitarbeiter regelmäßig als Zuhörer oder Helfer bei Interaktionen mit Kunden dabei sein.

Kunden und Mitarbeiter sind zu 100 % an der Wertschöpfung deines Unternehmens beteiligt. Der Umgang mit ihnen wirkt sich perspektivisch auf die Zukunft deines Unternehmens aus.

Baue dein eigenes Lager!

Findest du auch nie einen Block, Kugelschreiber oder Textmarker im Büromateriallager, wenn du ihn brauchst? Oder nerven dich die Kollegen mit Anfragen nach Klebezetteln, weil du die Person bist, die sie bestellt und sich mit dem internen Einkauf und der Bestellplattform im 90er-Jahre-Look herumschlagen muss?

Sobald die nächste Lieferung eintrifft, nimm dir lieber ein paar mehr Dinge mit und lagere sie in deinem abschließbaren Rollcontainer - nur für dich oder maximal deine Lieblingskollegen.

Wenn der Wert in Euro aller privaten Büromateriallager zusammengerechnet wird, kommt in vielen Unternehmen eine ordentliche Summe zusammen. Wir erleben, dass die meisten mit diesem Modus unzufrieden sind - Verbraucher wie Besteller, interner Einkauf und die die Bestellungen freigebende Person. Das Dumme ist jedoch, dass die Produktivität der Menschen blockiert wird, die gerade etwas brauchen. Zieht eine Abteilung um oder verlässt jemand das Unternehmen, haben viele Materialien, die gefunden werden, ihr Haltbarkeitsdatum überschritten und werden weggeworfen.

Zeit-, Produktivitäts- und Materialverschwendung können leicht reduziert werden. Organisiert das Büromateriallager als Kanban-Regal. In der Produktion wird das schon seit vielen Jahren eingesetzt und die Lagerung erfolgt nach dem First-in-First-out-Prinzip. Was in der Steuerung von Produktionsprozessen hilft, hilft auch dafür zu sorgen, dass ihr Briefumschläge, Klarsichtfolien, Druckerpapier, Stifte, Klebezettel, Ladekabel und was man sonst so an Büromaterial im Einsatz hat immer vorrätig zu haben und dabei die gebundenen Kosten so gering wie möglich zu halten.

Nehmt ein Regal und sucht das gesamte Büromaterial eurer Abteilung zusammen, löst alle privaten Lager und Lager 2 bis 25 auf. Wir sind immer erstaunt, wie viel hier zusammenkommt. Sortiert das Material nach Art in einem Fach oder in einer Kiste - je nach Art und Größe der Regalböden. Büroklammern zu Büroklammern, Tackernadeln zu Tackernadeln und so weiter.

Bestellt euch Kanban-Beleghalter oder etwas Ähnliches passend zur Größe der Kisten oder Breite der Regalböden. Wichtig ist, dass ihr an einem definierten Ort kleine Kärtchen einstecken könnt. Pro Artikel benötigt ihr drei Zettel in den Farben grün, rot und gelb. Auf jedem dieser Zettel stehen:

- der Artikel in eindeutiger Bezeichnung, z. B. Whiteboard-Marker schwarz, nachfüllbar,
- die Mindestmenge z. B. 5 Stück,
- die Bestellmenge z. B. 20 Stück,
- zusätzliche Informationen auf der Rückseite.

Die Mindestmenge gibt an, wann der Nachbestellungsprozess angestoßen wird. Die Bestellmenge gibt an, wie viel nachbestellt wird. In großen Systemen ist es sinnvoll, Lieferanten, Bestellnummer(n) und Ansprechpartner auf die Rückseite zu schreiben.

Je nach Beschaffungsprozess und Häufigkeit von Bestellzyklen bestimmt ihr nun die Menge jedes Gegenstandes, die nicht unterschritten werden darf (Mindestmenge), z. B. 10 schwarze Kugelschreiber sowie die Bestellmenge z. B. 30 Stück. Berücksichtigt hierbei die Häufigkeit des Verbrauchs sowie die Dauer einer Bestellung.

Die drei Farben der Zettel, die hintereinander im Kanban-Beleghalter stecken, haben folgende Bedeutung:

- Grün = oberhalb der kritischen Bestellmenge, alles im wortwörtlich grünen Bereich.
- Rot = kritische Bestellmenge ist unterschritten, bitte bestellen.
- Gelb = Bestellung getätigt und wir warten auf die Lieferung.

Bleiben wir bei dem Kugelschreiber-Beispiel: In einem Fach befinden sich die schwarzen Kugelschreiber - das grüne Schild steckt vorne. Nimmt jemand den 10. Kugelschreiber aus der Packung, wird die Mindestmenge von 10 unterschritten, es sind nur noch 9 Kugelschreiber da. Er steckt nun das rote Schild nach vorne. Regelmäßig, z. B. einmal pro Woche, geht die Person, die die Bestellungen für das Büromateriallager tätigt, zum Regal, nimmt alle roten Kärtchen mit und steckt die gelben Kärtchen nach vorn. Sie tätigt die nötigen Bestellungen - von den Kugelschreibern werden also 30 Stück bestellt. Sind die Bestellungen ausgelöst, werden die roten Kärtchen wieder hinten in die Beleghalter gesteckt, die gelben Karten bleiben vorn. Erst wenn die Ware eingetroffen und einsortiert ist, werden wieder die grünen Kärtchen nach vorn gesteckt. Dahinter bleiben die roten und die gelben.

Es wird auf diese Weise nur das bestellt, was gerade verbraucht wurde, und alle Beteiligten sehen den aktuellen Status des Gegenstands. Weiterhin ist am Vorhandensein der roten Karte zu sehen, ob die Bestellung schon ausgelöst ist oder nicht.

Der initiale Aufwand mag zeitaufwendig erscheinen. Einmal installiert ist das Kanban-Büromaterial-Lager nach einer anfänglichen strengen Erziehungs-, Vorlebe- und Erklärungszeit jedoch ein Selbstläufer. Kanban fördert Achtsamkeit und Selbstorganisation. Außerdem ist es eine gute Möglichkeit, um zu erleben, dass Kanban eine Methode zur Prozessoptimierung ist, den Durchlauf verbessert sowie Wartezeiten eliminiert. Ist dieses Prinzip einmal verstanden, kann es überall im Unternehmen verwendet werden. In der Küche, bei Reinigungsmitteln, für Glühlampen und natürlich für Produktionsmittel. Überall wo Mitarbeiter diese Kärtchen sehen, wissen sie, wie der Prozess funktioniert.

Baue viele Hürden!

In deinem Unternehmen bist du das Gesetz. Sollte doch irgendwas funktionieren oder möglich sein, ohne dass du es willst, denke dir Hürden aus, baue Barrieren und begründe sie mit Datenschutz, Compliance oder Sicherheit.

In jedem Unternehmen gibt es eine Kultur, die sich im Laufe der Zeit entwickelt hat. Die Unternehmenskultur wird durch innere und äußere Faktoren beeinflusst. Innere Faktoren sind z. B. die Zusammensetzung der Belegschaft, die Unternehmensprozesse oder das Verhalten der Führungskräfte. Äußere Faktoren sind der Arbeitsmarkt, die Politik oder der Ort, an dem sich ein Unternehmen oder eine Niederlassung befindet. Wir haben bei sehr vielen Unternehmen erlebt, dass es im Laufe der Zeit zu einem Wandel vom Wir zum Ich kommt, von unserer Problemlösungskultur zu meiner Problemlösungskultur, von der Selbstorganisation zur Bürokratie.

In der Selbstorganisation ist jeder für die Folgen seines Handelns verantwortlich. In der Bürokratie ist eine Person von den Folgen ihres Handelns abgetrennt. Wobei nichts zu tun auch eine Handlung darstellt. Wir haben Situationen erlebt, die so stark durch Regelungen eingeschränkt waren, dass die Prozesse nur noch der Einhaltung von Regeln dienten und die Lösung des ursprünglichen Problems nur noch zweitrangig war. Wir hatten Mitarbeiter, die aus Datenschutzgründen ihre eigenen Personalakten nicht einsehen durften. Wir hatten Computer, die aus Compliance- und Sicherheitsgründen so in ihrer Funktion eingeschränkt waren, dass damit die eigentlichen Aufgaben nicht mehr erfüllt werden konnten. Stelle dir einen Uhrmacher vor, der aus Arbeitsschutzgründen riesige, dicke Handschuhe tragen muss, oder einen Lieferdienst, bei dessen Fahrzeugen alle Räder demontiert sind und die Karosserien alle am Boden festgeschraubt sind, denn wenn sie sich bewegen könnten, dann könnte man damit Firmendaten wegfahren. Es ist absurd, aber viele Unternehmen investieren 120 € an Personalkosten (weil der Prozess so lang und kompliziert ist), um 10 Stifte im Wert von 5 € zu bestellen. Das Ganze dauert dann noch 14 Tage. Der Wert der Personalkosten aufgrund eines hohen Zeitinvests wegen eines komplizierten Prozesses übersteigt den Nutzen um ein Vielfaches. Es wird weder durch die Tat noch in der dafür verbrauchten Zeit Wert für den Kunden oder das Unternehmen gestiftet. Es gibt viele Unternehmen, die die Einhaltung ihrer selbst aufgestellten Regeln zur Daseinsberechtigung gemacht haben. Hilfreiche Lösungen sind die folgenden:

• Schaue dir deine Prozesse an und überprüfe regelmäßig, ob sie ihre primäre Funktion erfüllen.

• Benutze deine eigenen Prozesse.

• Nutze deine IT Daten und baue automatisierte Kennzahlen in alle Prozesse.

- Etabliere Schwellwerte, um Prozesse zu prüfen.
- Visualisiere Kennzahlen - für alle.
- Wenn Mitarbeiter Prozesse umgehen, hat das Gründe, finde sie und verbessere den Prozess.
- Mache alle Prozesse transparent - für jeden. Fange mit dem Prozess für Veränderungen an.
- Jeder Prozess hat genau einen Verantwortlichen, der nach Möglichkeit auch häufig mit dem Prozess zu tun hat.
- Wechsle die Perspektive, versuche die Jobs anderer Leute zu machen.
- Biete Mitarbeitern an, die Aufgaben (zeitweise) zu tauschen und mit den Erkenntnissen etwas zu verbessern.
- Etabliere Feedbackschleifen (z. B. moderierte, regelmäßige Retrospektiven).
- Versuche ein Umfeld zu schaffen, in dem Prozesse mit gesundem Menschenverstand und ohne fremde Hilfe zu verstehen sind (Beispiel: Drehtür. Für die Benutzung einer Drehtür benötigt niemand eine Anleitung).

Kapitel IV

Entwickler und IT

Als Entwickler oder Mitarbeiter der IT-Abteilung hast du einen Sonderstatus. Du kannst tun und lassen, was du willst, du musst es nur kompliziert genug begründen. Am Ende versteht sowieso keiner irgendetwas. Du machst, was dir Spaß macht, und was du für richtig hälst, alles andere geht aus irgendwelchen Gründen nicht.

Mache Wartungsarbeiten spürbar!

Mache Updates, Backups mit großen Datenmengen und Hardwareänderungen immer zur Arbeitszeit von möglichst vielen Benutzern - am besten unangekündigt. Die Leute sollen ruhig merken, dass du arbeitest. Ein ungetestetes, zweistündiges Update des Kalender- und E-Mailsystems an einem Dienstag um 10:00 Uhr ist vollkommen in Ordnung.

Mit der reibungslosen und intuitiven Nutzung von IT und IT-Infrastruktur entscheidet sich, ob ein Unternehmen in der Zukunft Bestand hat oder nicht. Stark abstrahiert (und sehr vereinfacht) beobachten wir drei große Dimensionen:

Das Management: Hier wird bemerkt, dass die IT immer mehr Kosten und Personal benötigt. Direkte Gewinne durch die IT sind jedoch eher schwer bis überhaupt nicht zu ermitteln. Was machen die bei der IT eigentlich den ganzen Tag?
Die Benutzer: Sie wollen, dass immer alles funktioniert. Nützliches Feedback geben möchten sie selten, weil das zu viel Arbeit macht. In der Kantine wird lieber über die IT gelästert, anstatt Erwartungen klar zu äußern. Was machen die bei der IT eigentlich den ganzen Tag?

Die IT Abteilung: Sie fühlen sich vom Management allein gelassen, müssen sich für jeden Euro rechtfertigen und sind von den dummen Benutzern genervt, die ihre Systeme kaputt machen und nichts verstehen. Die meisten Mitarbeiter haben ein volles Überstundenkonto, aber keiner würdigt ihre Arbeit.

Und nun?

- Eine Möglichkeit, diese Situation zu entschärfen, ist volle Transparenz der IT: Zeigt an welchen Projekten ihr arbeitet, was es kostet und was sich dadurch verbessert.
- Macht eure zukünftigen Aufgaben (Backlog) für alle sichtbar und erklärt die Priorisierung. So weiß jeder, wo sein Problem steht und dass es nicht vergessen wurde. Man sieht aber auch, warum es jetzt noch nicht gelöst ist, weil es noch so viele andere Sachen zu erledigen gibt, die als wichtiger eingestuft sind.
- Für die IT selbst hilft es, sich auf die Probleme zu konzentrieren, die gerade die höchste Priorität haben und nicht diejenigen, bei denen jemand besonders laut schreit.

Der beste IT-Administrator ist der, den man nicht sieht oder anrufen muss, weil Updates und Veränderungen nicht mit Einschränkungen verbunden sind. Und wenn es nicht ohne Einschränkungen geht, dann bitte mit Ankündigung und Erklärung warum. Das hilft bei der Akzeptanz. Die Beziehungen zum Management und zu den Benutzern werden sich dann automatisch bessern und das Vorleben von Transparenz wird im besten Fall abfärben. Wenn die Menschen in der IT sich ihrer Verantwortung für die Auswirkungen auf die Zufriedenheit von Kunden, Mitarbeitern und die Bedeutung für die Zahlen des Unternehmens bewusst sind, ist viel geschafft. Und eins ist klar, ohne Superstars in der IT wird ein Unternehmen nicht erfolgreich werden.

Du bestimmst die Hardware!

Als IT-Profi bestimmst du, welche Hardware das Fußvolk zu benutzen hat. Wenn die kleine Frau vom Außendienst sich über das Gewicht von ihrem Notebook beschwert, soll sie ins Fitnessstudio gehen. Und wozu bitte ein zusätzliches Reisenetzteil? Ist es zu viel verlangt, zwei Mal am Tag unter den Schreibtisch zu krabbeln?

So unterschiedlich die Menschen sind, so unterschiedlich sind auch die Präferenzen der Hardware. Aus Kostengründen und der Möglichkeit von Mengenrabatten werden oftmals von der zentralen IT-Abteilung Modelle ausgewählt, die für sie passend erscheinen. In der Welt der Mitarbeiter sind sie es jedoch nicht.

• Lasse deine Mitarbeiter selbst wählen, welche Hardware sie benutzen möchten. Der Aufwand für Heterogenität wird sich auszahlen, denn Menschen, die mit Geräten arbeiten, die sie mögen, sind produktiver.

• Befähigen statt Bevormunden - befähige Mitarbeiter im Umgang mit Technik anstatt ihnen Dinge zu verbieten.

- Bilde deine Mitarbeiter in Medienkompetenz aus, damit sie weniger anfällig für Spam, Scam, Viren, Würmer und Trojaner sind.
- Binde Mitarbeiter, die Beamer, Videokonferenzsysteme oder Drucker nutzen sollen, in die Auswahlprozesse der Geräte ein.
- Mache Kosten und Effizienz nicht zum alleinigen Maßstab.

Unternehmen, die allen Mitarbeitern einen austauschbaren Standardarbeitsplatz diktieren, und verlangen, dass sie selbstorganisiert, motiviert und kreativ sein sollen, werden in Zukunft keine fähigen Mitarbeiter anziehen. Alle Generationen seit den 1990ern sind mit Informationstechnologie aufgewachsen. Diese Digital Natives bekommen jetzt von digitalen Immigranten ihre Infrastruktur und Arbeitsmittel aufgezwungen. Das ist so, als ob ein spanischer Muttersprachler von einem Deutschen, der seit fünf Jahren die spanischen Grammatikregeln auswendig lernt, erklärt bekommt, wie er ab jetzt zu sprechen hat. Habe Vertrauen in die Kompetenzen deiner Mitarbeiter und biete ihnen Auswahl, Hilfe und Lösungen an, aber bestimme nicht dogmatisch. Das Ziel ist, dass immer alle etwas dazulernen.

Dokumentiere nichts!

Dokumentation ist sinnlos. Guter Code und gute Software braucht keine Doku. Das ist Zeitverschwendung, es ändert sich sowieso ständig alles und lieber keine Doku als eine veraltete.

Wenn dieser Glaubenssatz verwurzelt ist und zu einer kollektiven Haltung geworden ist, wird das Handeln genau dies bestätigen: Die Dokumentation fehlt entweder ganz oder sie ist nicht brauchbar, weil sie schlecht oder unvollständig ist. So macht das nur Arbeit und bringt keinem etwas und der Aufwand ist hoch, der Nutzen ist gering.

- Hier hilft es nur, konsequent umzudenken und Dokumentation als festen Bestandteil von Systemen oder Features zu definieren, welche bei der Abnahme vorliegen muss und ein Abbruchkriterium der Inbetriebnahme darstellt, wenn sie nicht oder nicht ausreichend vorhanden ist.

- Um dies zu etablieren, kann die Dokumentation beispielsweise ein Teil einer Definition of Done sein, den Kriterien, die erfüllt sein müssen, damit eine Aufgabe, ein Feature oder ein System als fertig betrachtet und an den Kunden ausgeliefert wird.

Im Manifest für agile Softwareentwicklung steht: „Funktionierende Software mehr als umfassende Dokumentation". Dieser Satz (ohne Verb) wird gern aus dem Zusammenhang gerissen und in den Köpfen bleibt übrig: Lieber noch eine neue Funktion einbauen, als eine andere zu dokumentieren. Das ist nicht nur sehr stark fehlinterpretiert, sondern auch fahrlässig. Es geht hier nicht nur um Dokumentationen im Sinne von Bedienungsanleitungen. Software und IT Systeme werden zunehmend komplexer. Fehlende Dokumentation fürt dazu, dass Prozesse beispielsweise zur Qualitätssicherung nicht mehr durchgeführt werden (können). Angenommen, es soll geplant werden, wie in Zukunft bestimmte Systeme gewartet werden. Wenn jedoch einige dieser Systeme nirgendwo dokumentiert sind, werden sie nicht in die regelmäßige Wartung einbezogen. Ob Krankheit, Urlaub oder unvorhergesehene Situationen, fehlende oder mangelhafte Dokumentation ist ein Hauptgrund für blockierte Produktivität. Fehlende Dokumentation ist ein Risikokredit, von dem man nicht weiß, wie teuer er wird, wenn man ihn einmal bezahlen muss. Es gibt nicht wenige Unternehmen, die Software- und IT-Systeme in strategisch wichtigen Positionen betreiben, von denen sie keine Ahnung haben, weil alle Berater, Dienstleister und Mitarbeiter, die irgendwann damit gearbeitet haben, nicht mehr verfügbar sind und ein Reengineering unfassbar aufwändig wäre. Sie trauen sich teilweise nicht einmal mehr, Maschinen zu aktualisieren oder neu zu starten und setzen sich, ihre Mitarbeiter und Kunden unnötigen und nicht kalkulierbaren Risiken aus. Die Regel, die aus dem oben genannten Satz aus dem agilen Manifest abgeleitet werden sollte, lautet: Beginne keine neue Funktion zu entwickeln bevor die alte nicht gut dokumentiert ist.

Horte keine Hardware!

Die IT Abteilung ist kein Computer Shop. Toner für die Drucker wird erst bestellt, wenn er komplett aufgebraucht ist. Notebooks, Kabel, Tastaturen, Track-Pads und Mäuse werden nicht gelagert - das ist viel zu teuer. Wenn die User etwas verlieren oder kaputt machen, dann müssen sie eben warten.

Diese Vorgehensweise ist sehr verbreitet und sehr teuer. Je länger die Diskussionszeit um den Bedarf, die Zeit für die Freigabe der Bestellung oder das Warten auf das Ersatzteil ist, desto länger kann der Mitarbeiter nicht arbeiten und die Frustration steigt enorm, die Produktivität sinkt kontinuierlich.

- Kenne die gängigsten Einsatzgeräte, weil du Statistiken über die ausgegebenen Geräte hast und diese auswertest.
- Habe die gängigsten Ersatzgeräte und -teile in einer gewissen Menge immer vorrätig - entsprechend der Anzahl an Verschleiß, Dauer der Bestellung und Anzahl der Mitarbeiter.

- Gestalte den Zugang zu Ersatzteilen für den Nutzer so einfach wie möglich. Bedenke: Sie wollen einfach ihre Arbeit machen und haben ebenfalls keine Lust, mit dir zu diskutieren und Zeit dafür zu investieren.
- Richte ein Kanban-Lager für die am häufigsten benötigten Sachen ein.

Der Aufwand und die Kosten für ein durchdachtes Management von Produktionsmitteln sind deutlich günstiger als der Verlust an Produktivität auf der anderen Seite.

Teste nie!

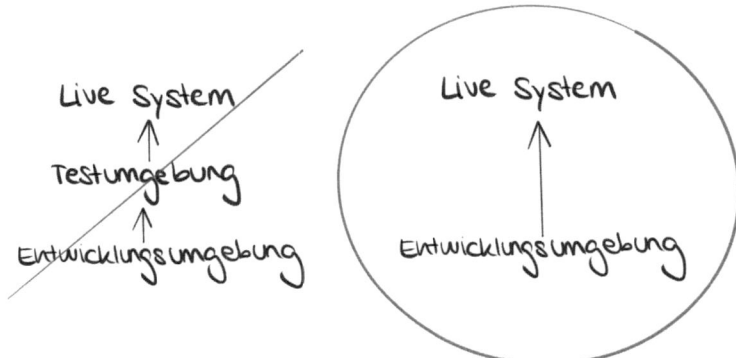

Dein Code ist sicher und Seiteneffekte hast du im Griff. Mache Änderungen nur direkt am Live-System. Das spart Kosten und ist schnell. Testumgebungen, Qualitätssicherung und Staging sind etwas für Hipster, die zu viel Zeit und Geld haben.

Obwohl die Meldungen über (Kunden-) Datenverluste immer häufiger durch die Medien gehen, ist das Thema Testen immer noch ein Stiefkind. Software wird ungeprüft auf Kunden losgelassen. Geräte versagen während der Inbetriebnahme in ihren Kernfunktionen. Prozesse erzielen nicht annähernd das gewünschte Ergebnis. Die Auswirkungen von Fehlern im produktiven Betrieb sind in der Regel nicht abschätzbar. Der Aufwand zum Testen ist hingegen kalkulierbar. Warum also etwas Kalkulierbares gegen etwas Unkalkulierbares eintauschen? Tests können automatisiert werden und müssen Bestandteil eines jeden Prozesses sein. Dabei darf nicht nur die eigentliche Funktion getestet werden, sondern die neue Funktion muss auch in ihrem letztendlichen Umfeld getestet werden. Diese so genannten Integrationstests sind nicht nur bei Software wichtig. Nur weil eine Methode oder eine Lösung irgendwo erfolgreich eingesetzt wurde, bedeutet das nicht, dass diese unverändert und ungetestet in einem anderen Umfeld erfolgreich eingesetzt werden kann. Wichtig beim Testen ist, dass das erwartete Ergebnis vorher definiert und nicht der Test an das Ergebnis angepasst wird.

Da im Netz und in der Literatur das Thema ausreichend beschrieben ist, geben wir nur den einen Tipp:

- Immer testen, testen, testen.

Testen ist in jedem Fall billiger als hinterher die Scherben zusammenzufegen. Lernen kannst du auch aus fehlgeschlagenen Tests. Lehrgeld, welches du zahlen musst, weil du vorsätzlich auf das Testen verzichtet hast, ist unnötig.

KAPITEL V

Produktentwicklung und Kundenkontakt

Sag, dass der Kunde König ist und baue aber deine Produkte und Prozesse so, wie es dir gefällt. Du bestimmst, was dein Kunde gut findet und wofür er zahlen möchte. Er soll dankbar sein, wenn er zahlen und seine Lebenszeit damit verbringen darf, deine neuen Ideen zu testen. Aber immer schön langsam und in homöopathischen Dosierungen, nicht dass Kunden auf dumme Gedanken kommen und absurde Forderungen stellen, beispielsweise ein ausgewogenes Preis-Leistungs-Verhältnis oder die Umsetzung beworbener Funktionen. Und für den Kundensupport gilt die goldene Regel: Willst du was gelten, mach dich selten.

Habe keine Visionen!

Habe keine Vision für dein Unternehmen oder Produkt, schon gar keine klare oder erstrebenswerte. Wenn nicht klar ist, wohin die Reise geht, kannst du alles als Erfolg verkaufen und keiner kann dich kritisieren.

Wir werden oftmals nach Erklärungen für Vision und Mission in eigenen Worten gefragt und den Unterschied zwischen Vision und Mission. Daher vorab folgende Einleitung: Damit Menschen in die Lage versetzt werden, eigenverantwortlich Entscheidungen im Sinne einer gemeinsamen Sache voranzubringen, müssen sie wissen, was das Bestreben der gemeinsamen Sache ist - und sich aktiv dafür entscheiden, dies unterstützen zu wollen. Die Vision legt den Fokus auf morgen und macht klar, wie das Produkt oder das Unternehmen in Zukunft sein will und zwar messbar formuliert, damit allen klar ist, ob man dem Zustand näher kommt oder sich davon aufgrund bestimmter Handlungen sogar entfernt. Die Vision gibt somit die Richtung vor. Die Mission bricht die Vision in das Heute herunter und alles, was das Unternehmen und die Mitarbeiter heute tun müssen, um morgen zur Vision zu gelangen - ebenso messbar formuliert, damit zu jeder Zeit überprüft werden kann, ob wir mit unseren Entscheidungen und Taten darauf zusteuern oder uns weiter entfernen.

Vision und Mission sind sowohl auf Gesamtunternehmensebene als auch für jede Abteilung, jedes Produkt und Team oder jede Arbeitsgruppe elementar - sie zahlen aufeinander ein. Die Tipps mögen einfach klingen, doch wir erleben häufig, dass die Umsetzung eine große Herausforderung darstellt:

- Definiere eine messbar formulierte Vision und Mission.
- Lege den Rahmen und das Zusammenspiel von Vision und Mission fest, beispielsweise mit dem Einsatz von Jahres- oder Quartalszielen. Vereinbare klare Handlungsspielräume mit Teams und Individuen, so dass sie selbstorganisiert die Ziele erreichen können.
- Mache dies für alle einsehbar und schriftlich transparent.
- Gib den Mitarbeitern die Gelegenheit zur Mitgestaltung oder mindestens, Fragen zu stellen.

Gute Visionen klingen, wenn sie das erste Mal ausgesprochen werden, unmöglich, verrückt und unrealistisch. Sie sind ein ausgesprochener Zukunftsentwurf. Ziele werden für alle verständlicher, wenn man das „Warum?" erklärt. Vom Know-how zum Know-why. Was bedeutet es, besser zu werden? Warum wollen wir den Umsatz erhöhen?

Keine Ziele zu haben, ist keine Option. Sicher, wenn du keine Ziele oder Pläne hast, dann kannst du auch nicht enttäuscht werden. Du wirst aber auch keine Ziele erreichen, die du heute noch für utopisch hältst.

Aktionismus, jetzt!

Setze deine erste Idee oder die Idee von jemand anderem direkt um, ohne das Problem zu verstehen. Du musst handeln, handeln, handeln. Teste auf keinen Fall mehrere Ideen und entscheide nicht anhand von (messbaren) Kriterien. Dein Bauchgefühl wird dich leiten und darauf solltest du immer hören!

Eine wichtige benötigte Eigenschaft im Management ist die Fähigkeit zu entscheiden, ob man im Feuerwehrmodus reagiert oder versucht, in Ruhe die Lage zu verstehen, um dann eine wertgetriebene Entscheidung zu treffen. In seltenen Fällen ist es notwendig, eine Entscheidung sofort und ohne weitere Informationen zu fällen. Nicht handeln ist übrigens auch eine Entscheidung. Und auch wenn es wirklich brennt, solltest du keine gewagten Löschversuche unternehmen, sondern Ruhe bewahren und die Feuerwehr rufen. Ruhe bewahren und jemanden zurate ziehen, der sich mit dem Thema auskennt, ist auch bei kritischen Situationen ein sinnvoller Weg.

Die sprichwörtlichen Bauchentscheidungen sind tückisch, weil sie oft verallgemeinert oder mit dem Zufall verwechselt werden. Zuerst einmal kommen Bauchentscheidungen nicht aus dem Bauch, sondern aus dem Gehirn. Wir greifen bei solchen Entscheidungen auf unsere Erfahrungen zurück. Das ist im Maschinenbau, im Personalwesen, der Medizin oder der IT ähnlich wie beim Autofahren. Je länger du eine Disziplin ausübst, desto besser sind deine Entscheidungen in diesem Bereich, auch in für dich neuen Situationen. Unser Gehirn nimmt in einer Gefahrensituation alle gespeicherten Informationen zum passenden Thema und errechnet in Sekundenbruchteilen die Variante mit der höchsten Überlebenswahrscheinlichkeit. Jemand, der 30 Jahre in einer Branche gearbeitet hat und geistig gesund ist, wird im Normalfall bei unbekannten Notsituationen eine bessere Entscheidung treffen, als jemand, der fünf Jahre Erfahrung hat. Wenn du einmal eine gute Entscheidung in einer unbekannten Situation in deinem Fachgebiet getroffen hast, beachte die folgenden zwei Hinweise:

1. Deine Erfahrungen lassen sich nicht auf andere Fachgebiete übertragen.
2. Verwechsle den Erfolg nicht mit Zufall.

Versuche, so viel wie möglich mit rationalen Mitteln zu entscheiden - auch bei der Auswahl deiner Berater. Überlege dir vorher, welche Eigenschaften die von dir gesuchte Person haben sollte. Mache eine Liste mit einer einfachen Skala, führe Gespräche, bei denen du die Eigenschaften direkt oder indirekt erfährst, und dann entscheide nach dem Ergebnis deiner Liste, nicht nach Sympathie. Sympathie ist die Summe aller Ähnlichkeiten. Das bedeutet, wenn du einem Irrtum aufsitzt, dann findest du eine Person sympathischer oder kompetenter, die diesen Irrtum bestärkt, als eine Person, die gegen diesen Irrtum argumentiert. Wenn du dann nach Sympathie beauftragst, seid ihr bereits zwei Personen, die einem Irrtum unterliegen und du nimmst dir die Möglichkeit, dem Problem näher zu kommen.

Überprüfe deine Entscheidungen, um herauszufinden, ob es gute Entscheidungen waren, um deinen Entscheidungsprozess zu hinterfragen. Dazu musst du vorher definieren, was für dich gut ist, wenn du dir das Ergebnis in einem Jahr oder in zehn Jahren anschaust. Bei jeder Entscheidung ohne präzise Hintergrundinformationen, die du rational abwägen kannst, existiert ein hohes Risiko der Fehlentscheidung. Je weiter das Thema von deinem Gebiet entfernt ist, in dem du dich als Experte bezeichnest, desto höher ist das Risiko. Versuche also, zügig Informationen zu beschaffen, die dir bei der Entscheidungsfindung helfen. Das bedeutet jedoch nicht, dass du dir lange Zeit lassen kannst oder Entscheidungen vertagen sollst. Wenn keine Menschenleben oder extrem hohe Summen im Spiel sind, ist es besser, falsch zu entscheiden (und zu korrigieren, wenn man es merkt) als gar nicht zu entscheiden. Das Lernen aus einer Fehlentscheidung ist oft wertvoller als der vermeintliche Verlust durch die Fehlentscheidung. Unsere persönlichen Anhaltspunkte, die einen kurzen Aufschub erlauben, sind: Menschenleben sind in Gefahr, schwere Krankheit oder Schäden größer 100.000 €. Ansonsten entscheiden wir auf Basis der vorhandenen Daten und überprüfen das

Ergebnis in kurzen Iterationen. Wenn sich zeigt, dass eine Entscheidung nicht zum gewünschten Ergebnis führt, ändern wir sie. Und das macht den Unterschied zum umgangssprachlichen Aktionismus aus, der zielloses, konzeptloses oder unreflektiertes Handeln unterstellt.

Wenn du an oder in einem Umfeld mit selbstorganisierten Teams arbeitest, werden die Entscheidungen einzelner Individuen weniger, weil Entscheidungen in der Regel von Teams in bestimmten Zyklen getroffen werden. Das ist ein gutes Mittel, um Aktionismus vorzubeugen. Das Umfeld und besonders Vorgesetzte müssen sich allerdings darauf einlassen und die Entscheidungen der Teams respektieren.

Schalte Telefonansagen!

Ersetze deine Hotline durch eine Ansage, dass es aktuell zu einem erhöhten Anrufaufkommen kommt und alle Mitarbeiter im Gespräch sind. Dann trenne die Verbindung. Der Kunde wird schon andere Möglichkeiten finden, sein Problem loszuwerden.

Und lasse auf keinen Fall die Kontaktaufnahme per E-Mail zu, maximal über einen Chat oder eine Nachrichtenfunktion im Kundenkonto, die bei Bedarf „kaputt" ist.

Keiner hat Lust auf Probleme. Wenn doch welche auftreten, ist es im Interesse aller Beteiligten, diese schnell und einfach zu lösen. Dazu ist es hilfreich, sich selbst in die Lage der betroffenen Person zu versetzen und sich zu fragen:

- Gibt es die Möglichkeit, selbst an Informationen zu kommen, um das Problem zu lösen?
- Wenn ja, sind die dort zu findenden Informationen so (einfach) beschrieben, dass auch jemand Fachfremdes anhand dieser Anleitung das Problem lösen könnte?
- Sind die Informationen für Nicht-IT-Sachkundige überhaupt zu finden?
- Falls das Problem selbst nicht zu lösen ist, welche Möglichkeiten gibt es, jemanden zu erreichen, der helfen kann?
- Wie lange brauchen wir, um ein Problem zu lösen?

Anleitungen werden oftmals so geschrieben, dass die schreibende Person oder jemand mit Fachwissen die Texte verstehen kann - eine Person, die beispielsweise ein Nutzer und kein Entwickler eines Dienstes ist, jedoch nicht.

- Grundsätzlich ist es hilfreich, ein Portal mit Informationen für Self-Service zur Verfügung zu stellen und alle Mitarbeiter oder Kunden über die Existenz zu informieren, am besten mit einer kleinen Einführung - in Text-, Video- und Bildform.
- Ein Kundenkonto mit hoher Self-Service-Möglichkeit (für Kunden und Mitarbeiter) lässt sich in den Rechten beliebig einschränken oder erweitern. Dadurch lässt sich für die helfenden Personen viel Arbeit ersparen.

Wenn all die Möglichkeiten gegeben sind und dennoch keine Lösung des Problems durch die betroffene Person selbst gefunden werden kann, gilt es, schnelle, direkte Hilfe anzubieten:

- Stelle unterschiedliche Möglichkeiten des Kontakts zur Verfügung und mache deine Prozesse sowie den Bearbeitungsstand transparent.
- Miss, zu welchen Zeiten es zu einem besonders hohen Aufkommen an Hilfebedarf kommt und passe deine Personaleinsatzplanung dementsprechend an den Bedarf an.
- Behandle deine Benutzer wie Kunden. Frage regelmäßig nach Feedback und prüfe, ob deine angebotenen Hilfsmöglichkeiten funktionieren und nutzbar sind.

75

#teamagile

https://www.teamagile.org/